평범한 우리 어린이들을 다음 세대
위인으로 만들어 줄 교과서 위인 이야기!
효리원의 교과서 위인 이야기는 초등학교
교과 과정에 나오는 국내외 위인들을 우리나라
최고 아동 문학가 53인이 재미있게 동화로 구성했습니다.
지혜와 용기로 위대한 삶을 산 위인들의 이야기는,
어린이들의 마음속에 '나도 할 수 있다.'는
희망의 씨앗을 심어 줄 것입니다!

KB192160

일러두기

1. 띄어쓰기와 맞춤법 : 초등학교 국어 교과서와 국립국어원의 『표준국어대사전』을 기준으로 하였습니다.

2. 외래어 지명과 인명 : 국립국어원의 『외래어 표기 용례집』을 기준으로 하였습니다.

3. 이해가 어려운 단어 : (   ) 안에 뜻풀이를 하였습니다.

4. 작가 연보 : 연도와 함께 나이를 표기하고, 업적을 간략히 소개하였습니다. 우리나라 위인은 태어난 해를 한 살로 하였고, 외국 위인은 만 나이를 한 살로 하였습니다. 정확한 자료가 없는 위인은 연도와 업적만을 나타냈습니다.

5. 내용 구성 : 위인의 삶은 역사적 자료를 바탕으로 최대한 사실적으로 구성하였습니다. 그러나 읽는 재미를 위해 대화 글이나 배경 묘사, 인물의 감정 표현 등에 작가의 상상력을 가미하였습니다.

6. 그림 구성 : 문헌을 바탕으로 위인이 살던 시대를 충실히 나타내도록 하되 복식의 색상이나 장식, 소품, 건물 등은 작가의 상상으로 그렸습니다.

7. 내용 감수 : 각 분야의 전문가들로 구성된 편집 위원들이 꼼꼼히 감수를 하였습니다.

편집 위원

김용만(우리역사문화연구소장)
교과서에서 만나는 위인들을 중심으로 일화와 함께 그림과 사진을 곁들여 지루하지 않게 읽을 수 있습니다. 술술 읽다 보면 학교 공부에도 많은 도움이 될 것입니다.

신현득(동시인, 전 새싹회 회장)
우리가 자주 듣고 접하는 역사 속 실존 인물들이 자신의 꿈을 이루기 위해 어떻게 노력했는지 깨달아 가면서 우리 어린이들은 한층 더 성숙해질 것입니다.

윤재운(동북아역사재단 연구 위원)
위인전을 읽으면서 어린이들은 시대를 넘어 간접 체험을 할 수 있습니다. 어떻게 살아야 하는지 인생에 대한 동기 부여와 함께 삶이 보다 풍요로워질 것입니다.

이은경(철학 박사, 전북과학대 유아교육학과 교수)
한 사람의 인격과 품성은 어릴 때 형성됩니다. 따라서 초등학교 저학년 때 어떤 책을 읽느냐에 따라 생각의 크기가 달라집니다. 어린이의 미래를 위해 이 책은 꼭 읽어야 합니다.

이창열(하버드 대학교 물리학 박사, 전 국가과학기술자문회의 전문 위원)
세상을 바꾼 위대한 인물의 이야기는 어린이의 인성 및 감성 발달에 큰 영향을 미칠 뿐 아니라 실험 정신과 개척 정신을 길러 줍니다. 용기와 지혜로 세상을 헤쳐 나가는 당당한 어린이를 꿈꾼다면 이 책은 꼭 한번 읽어 보아야 합니다.

정재도(한글학자)
위인으로 일컬어지는 이들은 어떤 생각을 하고, 어떤 삶을 살았을까요? 그들의 흔적을 담은 위인전은 복잡한 현대를 이끌어 갈 우리 어린이들에게 나침반과 같은 역할을 할 것입니다.

조수철(서울대학교 의과대학 소아정신과 교수)
위인전은 시대와 신분, 업적이 다른 위인들의 삶이 다양하고 흥미롭게 구성되어 있어 손쉽게 여러 삶의 모습을 만날 수 있습니다. 용기 있게 고난을 헤쳐 나간 위인의 이야기를 통해 삶의 지혜를 배울 수 있을 것입니다.

살수 대첩을 승리로 이끈
고구려의 명장
을지문덕

표시정 글 / 신찬식 그림

효리원
hyoreewon.com

고구려의 명장 하면 제일 먼저 떠올리게 되는 사람이 바로 을지문덕입니다. 을지문덕은 어떻게 해서 명장이 되었을까요?

귀족이 아닌 평범한 백성으로 태어난 을지문덕이 세상에 이름을 떨칠 수 있었던 것은 바로 고구려가 열린 사회였던 까닭입니다.

고구려의 백성들은 교육을 받았습니다. 귀족은 관리를 양성하는 태학에서, 백성은 마을의 경당에서 글과 무예를 익혔습니다.

고구려에서는 해마다 10월 동맹이라는 큰 축제를 열었습니다. 고구려 백성이라면 누구나 이 축제에 참여할 수 있었습니다.

이름 없는 백성이었던 온달과 을지문덕도 동맹 대회를 통해 세상에 이름을 널리 떨쳤습니다.

학부모님과 선생님께서는 이 책을 읽는 어린이들에게 이러한 역사적 배경을 이해시켜 주시기를 바랍니다.

위인이 살았던 시대의 생활상을 알고 나면 이야기의 재미가 한

층 커질 것입니다.

　나라에 은혜를 입은 을지문덕은 나라를 위해 무엇을 할 수 있을까 늘 고민했습니다. 그러던 중에 중국 땅을 통일한 수나라가 자기들의 세력을 넓히려는 목적으로 고구려로 쳐들어왔습니다.

　을지문덕은 준비된 지휘관이었습니다. 그는 지혜와 슬기를 모아 어려운 순간들을 극복해 냈습니다.

　을지문덕 같은 명장이 있었기에 그를 믿고서 한마음 한뜻이 된 고구려 백성들은 수나라를 단숨에 물리칠 수 있었습니다. 이러한 점을 어린이들에게 이해시켜 주시기를 바랍니다.

을지문덕은 우리나라 역사를 빛낸 명장이자 애국자입니다. 가난한 농촌 가정에서 태어나 어릴 때부터 외부로부터의 침범이 잦은 고구려의 사정을 잘 알고 있었던 을지문덕은 깊은 산으로 들어가 글과 무예 수업에 온 힘을 쏟으며, 언젠가 나라를 구하는 큰 인물이 되겠다고 마음먹었습니다.

수나라 군사들이 고구려를 침범해 오자 을지문덕은 나라를 구하겠다는 마음으로 목숨을 걸고 싸웠습니다.

어려운 고비도 여러 차례 있었습니다. 하지만 그는 지혜와 슬기로 위기에 빠진 나라를 구했습니다.

적은 군사로 수나라 대군을 통쾌하게 물리친 을지문덕 장군의 지혜와 애국심은 오늘날 우리 어린이들에게 잊지 못할 감동과 깊은 교훈을 줄 것입니다.

글쓴이 표시정

8

차 례

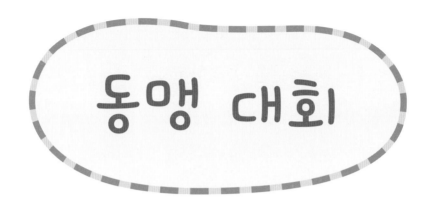

동맹 대회

고구려의 한 농촌에 을지문덕이 살고 있었습니다. 을지문덕의 아버지는 가난한 농부였습니다. 아버지는 아들에게만은 가난을 물려주고 싶지 않았습니다. 그래서 문덕을 마을에 있는 경당에 보냈습니다.

을지문덕은 경당에 가서 글을 배우고, 무예를 익혔습니다. 문덕은 이렇게 친구들과 어울려 새로운 것들을 배우고 익히는 것이 즐거웠습니다.

을지문덕의 집에서는 글 읽는 소리가 끊이지 않았습니다.

"배우는 사람은, 집에 들어가서는 어버이에게 효도를 하고, 밖에 나가서는 어른을 공경하고, 친구를 사귈 때에는 언행을 삼가고 신의를 지켜야 한다."

을지문덕의 아버지와 어머니는 책 읽는 아들을 흐뭇하게 바라보았습니다.

고구려에서는 해마다 10월에 동맹 대회를 열었습니다. 왕과 신하들은 물론이고 온 나라 백성들이 다 함께 하나가 되는 큰 축제였습니다.

'그동안 갈고닦은 실력을 확인해 보고 싶어.'

을지문덕은 궁술(활 쏘는 기술) 대회와 마술(말 타는 기술) 대회에 참가했습니다.

을지문덕이 궁술 대회장으로 들어서자 관중들이 야유를 퍼부었습니다.

"아니, 어린애잖아?"

"얘야, 가서 엄마 젖이나 더 먹고 오너라."

을지문덕은 관중들의 야유에도 아랑곳하지 않고,

과녁을 뚫어져라 바라보며 숨을 가다듬었습니다.

을지문덕이 활에 화살을 끼우고 시위를 당기자, 화살은 그대로 과녁의 한복판에 가 꽂혔습니다.

"저 아이가 지금 과녁을 맞힌 것이오?"

"그렇소. 그것도 과녁의 한복판을 맞혔구려."

"저 아이 이름이 무엇이오?"

"을지 씨라고 하는 것 같았소."

관중들은 자기 눈으로 직접 보고도 믿을 수가 없었습니다.

을지문덕은 기뻐하거나 도취된 표정 하나 없이 궁술 대회장을 나와 마술 대회장으로 걸음을 옮겼습니다.

마술 대회는 말을 타고 대회장을 다섯 바퀴 돌며 자신의 재주를 뽐내는 경기였습니다.

관중들은 을지문덕을 따라 마술 대회장으로 옮겨 갔습니다. 마술 대회장은 다른 대회장보다 더 많은 관중들로 북적였습니다.

"저 아이가 이번에는 어떨지 한번 지켜봅시다."

"그래요. 그렇게 합시다. 아주 흥미진진하군요!"

을지문덕은 잘 길들인 흰말을 타고 대회장으로 들어섰습니다. 또다시 관중들의 눈길이 을지문덕에게로 쏟아졌습니다.

을지문덕은 말을 타고 경기장을 천천히 한 바퀴 돌았습니다. 그런 다음, 이번에는 빠르게 경기장을 또 한 바퀴 돌았습니다. 세 번째 돌 때에는 말 위에서 벌떡 일어나 말을 달렸습니다. 을지문덕과 말은 혼연일체(생각, 행동, 의지 따위가 완전히 하나가 되는 것)가 되어 있었습니다.

관중들의 입에서 탄성이 터져 나왔습니다.

"오호!"

을지문덕은 말 위에 꼿꼿이 서는 재주를 선보이며 네 번째 바퀴를 돌았고, 마지막 다섯 번째 바퀴를 돌 때에는 말 등에 거꾸로 서서 관중들을 향해 손을 흔들었습니다.

"우와!"

"대단하다!"

지켜보던 관중들은 너 나 할 것 없이 일어나서 박수를 보냈

15

을지문덕 초상화 | 살수 대첩에서 큰 승리를 거둔 고구려의 명장 을지문덕의 모습입니다.

습니다.

"오호, 어린 나이에 참으로 놀랍지 않은가! 궁마지재(활 쏘고 말 타는 재주가 뛰어난 사람)란 저 아이를 두고 하는 말인가 보네!"

"그러게 말이야. 최고야, 최고!"

관중들이 환호하며 말했습니다.

을지문덕은 동맹 대회를 통해 그동안 갈고닦았던 재주들을 마음껏 선보였습니다. 그리고 그 실력을 인정받아 큰 상을 안고 집으로 돌아왔습니다.

을지문덕의 결심

을지문덕은 동맹 대회를 계기로 널리 이름을 떨쳤습니다.
그러자 여러 지방의 귀인(사회적 지위가 높은 사람)들이 문덕을
찾아와 말했습니다.

"자네, 벼슬길에 나가고 싶지 않은가?"

"저더러 벼슬을 하라고요?"

"자네가 원한다면 내가 벼슬을 할 수 있도록 돕겠네."

귀인들은 하루가 멀다 하고 을지문덕을 찾아왔습니다.

을지문덕은 동맹 대회를 계기로 하루아침에 영웅이 되었다

는 것이 믿기지 않았습니다.

'내가 벼슬길에 나가면 부모님이 편안하게 사실 수 있을 거야. 하지만 부족한 게 너무 많은 내가 무슨 벼슬을 할 수 있다는 건지…….'

을지문덕은 여러 날을 혼자 고민하다가 아버지에게 물었습니다.

"아버지, 어떻게 해야 할까요?"

"문덕아, 네가 정말 원하는 일이 무엇이냐?"

"아버지, 저는 벼슬보다는 계속 수련을 하고 싶어요. 책도 더 읽고 무예도 더 연마한 다음에, 그다음에 무얼 해도 하고 싶어요."

을지문덕은 솔직하게 자기 마음을 털어놓았습니다.

아버지는 을지문덕의 이야기를 다 듣고 나서 이렇게 말했습니다.

"문덕아, 네가 원하는 일을 해라. 네 의지와 상관없이 괜히 다른 사람이 하라는 대로 했다가 나중에 후회하면 안 되지 않

겠니? 우리는 너를 믿는다. 그리고 네 선택을 존중한다."

을지문덕은 부모님의 응원에 힘입어 수련을 계속하기로 마음먹었습니다.

을지문덕은 석다산 깊은 곳에 있는 암자로 들어갔습니다.

그곳에서 밤낮없이 병서를 읽고 무예를 닦았습니다.

을지문덕이 머물고 있던 암자에는 도림이라는 법명(승려에게 지어 주는 이름)을 가진 수도승이 있었습니다.

어느 날, 평양에 다녀온 도림 스님이 을지문덕에게 걱정스러운 소식을 전했습니다.

"행자님(불도를 닦는 사람을 호칭하는 말), 머지않아 나라에 큰 혼란이 닥칠 것

같습니다.”

“아니, 왜요?”

“중국을 통일한 수나라가 우리 고구려를 넘보고 있다고 합니다.”

“뭐라고요? 그게 정말입니까?”

을지문덕이 놀라서 물었습니다.

도림 스님은 수나라 왕인 양제가 중국을 통일한 뒤, 그 세력을 넓히려고 고구려 땅으로 쳐들어올 준비를 하고 있다고 했습니다.

“그래서 지금 도성 안 백성들은 피난 준비에 여념이 없습니다. 임금님께서는 수나라의 침입에 대비해 군사를 모아 훈련시키고, 성과 병기(전쟁에 쓰이는 기구들)를 손보고, 군량미를 거두어들이라고 하셨답니다.”

“그래요?”

그동안 산속에서 수련에만 몰두한 나머지 세상이 어떻게 돌아가는지를 모르고 있었던 을지문덕은 전쟁이 일어날지도

모른다는 소식에 적잖이 충격을 받았습니다.

도림 스님이 이야기 끝에 충고를 한마디 했습니다.

"행자님, 호연지기도 좋지만 이제 그만 하산하세요. 행자님 같은 분이 나서서 임금님을 보필하고 백성들을 이끌어야 이 나라가 평안하지요."

을지문덕은 고민에 빠졌습니다.

'국가에 환란(근심과 재앙)이 있을 때, 나라를 위해 충성을 다하는 것이 백성 된 도리라고 했어. 어려움에 빠진 나라를 모른 척할 수는 없지. 그래, 이제 그만 산을 내려가자. 가서 내 나라를 위해 내가 할 수 있는 일을 찾아봐야겠어.'

을지문덕은 이렇게 결심하고 산을 내려왔습니다.

전쟁을 일으킨 수나라

612년, 영양왕 22년에 수나라 양제가 113만 대군을 이끌고 고구려로 쳐들어왔습니다.

탁군(지금의 북경)을 출발한 수나라 군대는 수나라와 고구려 국경을 가로지르는 요수라는 강 앞에 다다랐습니다.

수나라군은 배를 타고 강을 건너려고 했지만, 고구려군의 반격에 부딪쳐 더 이상 앞으로 나가지를 못했습니다.

양제는 배를 타고 강을 건너기가 어렵다는 것을 깨달았습니다. 그래서 강 위에 다리를 놓게 했습니다.

요수 위에 배다리(교각을 세우지 않고 널빤지를 걸쳐 놓은 나무 다리)가 놓이자, 수나라군은 엄청난 무기와 군사들을 앞세워 다리를 건너기 시작했습니다.

그때 을지문덕은 고구려의 장수가 되어 요동성을 지키고 있었습니다. 고구려군은 밀려드는 수나라군을 감당하지 못하고 을지문덕이 있는 요동성으로 후퇴했습니다.

곧 수나라군이 요동성을 에워쌌습니다.

을지문덕은 꿈쩍도 않고 부하들을 독려했습니다.

"적이 많다고 겁먹을 것 없다. 우리가 한마음이 되어 맞서 싸우면 저들도 우리를 어쩌지 못할 것이다. 적이 많아서 성문을 열고 나가 싸우는 것은 우리에게 불리하니, 성문을 굳게 닫아걸고 방어에 힘을 쏟도록 하자. 우리가 무너지면 적은 곧바로 수도 평양으로 진격하게 된다. 그러니 목숨을 걸고 요동성을 지켜야 한다."

한편, 수나라 양제는 요동성 함락은 시간 문제라고 생각했습니다. 병력도 수나라가 우세하고, 무기도 수나라가 뛰어나

다고 자신했습니다.

하지만 여러 달이 지나도록 수나라 군대는 요동성을 차지하지 못했습니다. 고구려군이 목숨을 걸고 성을 지키고 있기 때문이었습니다.

영양왕은 전투 상황을 자세히 알고 싶어 을지문덕을 평양으로 불렀습니다.

을지문덕이 평양에 도착할 무렵, 내호아가 이끄는 수나라 수군도 패수(지금의 대동강)에 도착했습니다.

내호아는 300여 척에 달하는 병선을 앞세워 평양으로 진격했습니다. 고구려 수군이 반격에 나섰지만, 수나라 수군을 막기에는 역부족이었습니다.

수나라 수군이 평양으로 향하고 있다는 소식을 들은 영양왕은 긴급 대책 회의를 소집했습니다. 그 자리에서 을지문덕은 강한 자신감을 내보이며 이렇게 말했습니다.

"폐하, 수나라군은 여러 면에서 우리보다 우세하옵니다. 하지만 우리는 저들이 가지지 못한 것을 갖고 있사옵니다."

"그것이 무엇이오?"

"이곳은 바로 우리 땅이옵니다. 수나라군이 이곳 지리에 약한 점을 이용해서, 함정을 파고 기다렸다가 공격을 하면 어떨는지요?"

을지문덕은 지리적 이점을 살려 반격을 하자고 했습니다.

"으흠."

영양왕은 고개를 끄덕이며 주의 깊게 들었습니다.

"폐하, 외성 안에 빈 절이 하나 있사옵니다. 그곳에 군사들을 매복(상대편의 동태를 살피거나 불시에 공격하기 위해 몰래 숨어 있는 것)시킨 다음, 적을 그곳으로 유인해서 기습 공격을 하면 승산이 있사옵니다."

고구려군의 총사령관인 고건무가 을지문덕의 편을 들었습니다.

"오호, 그것 참 좋은 생각입니다."

영양왕은 크게 기뻐하며 을지문덕의 의견을 곧바로 실행에 옮기라고 지시했습니다.

고건무가 이끄는 고구려군은 수나라군과 맞서 싸웠습니다. 고구려군은 수나라 수군이 평양성으로 들어올 수 있도록 꾀를 냈습니다. 맞서 싸우는 척하다가 후퇴하고, 또 전열(부대의 대열)을 가다듬어 싸우는 척하다가 후퇴하면서 적을 성 안 깊숙이 끌어들인 것입니다.

　　내호아가 이끄는 수나라 수군은 평양성을 함락시켰다는 승리감에 빠져 있었습니다. 그래서 고삐 풀린 망아지마냥 성안을 돌아다니며 약탈을 일삼았습니다.

　　절 안에 매복해 있던 고구려군은 때를 기다리고 있었습니다. 그러다가 수나라군의 기강이 흐트러진 틈을 타 수나라군을 포위했습니다. 고구려군의 기습 공격에 수나라군은 무릎을 꿇고 말았습니다.

수나라
별동 부대

요동에 머무르고 있던 수나라 양제는 수군이 크게 패했다
는 소식을 듣고 불같이 화를 냈습니다.

애꿎은 신하들은 그 불똥이 자기들에게 튈까 봐 다들 몸을
사렸습니다.

그때, 야심 많은 대장군 우문술이 나섰습니다.

"폐하, 신에게 병력을 일부 내주십시오. 많은 병력이 함께
움직이기 때문에 평양으로 가는 걸음이 자꾸만 더뎌집니다.
신이 단숨에 평양으로 달려가 고구려 왕과 을지문덕을 사로

잡아 올 테니 신을 한번 믿어 보십시오."

우문술은 큰 공을 세워 이름을 떨치고 싶었습니다.

별 뾰족한 수가 없었던 양제는 우문술에게 30만 대군을 내어 주었습니다. 그러면서 한 가지 조건을 걸었습니다.

"우중문 장군, 우문술 장군을 따라가시오."

양제는 야심가인 우문술보다는 충직한 우중문을 총애하고 있었습니다. 그래서 두 장군에게 별동 부대를 함께 이끌게 했습니다.

그리고 양제는 평양으로 떠나는 우중문에게 따로 명령을 내렸습니다.

"반드시 고구려 왕과 을지문덕을 사로잡아 오시오."

곧바로 우문술과 우중문은 각각 군대를 이끌고 평양으로 향했습니다.

영양왕은 수나라 별동 부대가 평양으로 향하고 있다는 전갈을 받고, 또다시 대신들을 한자리에 불러 모았습니다.

"수나라 군사들을 물리칠 방법이 있소?"

대신들은 서로 눈치를 살피느라 선뜻 의견을 내놓지 못했습니다.

그러자 이번에도 을지문덕이 나섰습니다.

"폐하, 모름지기 장수는 싸움에 앞서 적의 정세를 살펴야 한다고 했습니다. 상대를 알고 나를 알아야 백 번 싸워도 위태롭지 않다고 했습니다."

을지문덕은 수나라군과 맞서 싸우려면 수나라군의 전략을 알아야 한다고 했습니다. 그러면서 자기가 직접 적진에 들어가 적의 정세를 살피고 돌아오겠다고 했습니다.

영양왕과 대신들이 깜짝 놀라 물었습니다.

"장군, 지금 적진에 들어가겠다고 하셨소?"

"어떻게 적진으로 들어간다는 말이오?"

을지문덕은 자기가 세운 계획을 차근차근 이야기했습니다.

"신은 먼저 적장인 우문술 앞으로 거짓 편지를 보내려고 하옵니다. 수나라와 고구려 간의 싸움은 달걀로 바위를 치는 격이라고 하면서, 항복 협상을 제안할 것이옵니다. 우리 쪽에

서 협상을 제의하면 저쪽에서는 답글을 준비해야 하므로 섣불리 우리를 공격하지 못할 것이옵니다."

을지문덕의 이야기는 계속되었습니다.

"우리는 협상을 빌미로 시간을 벌 수 있사옵니다. 그동안 수나라의 공격에 대비하면 되옵니다. 신이 생각하건대, 우리가 항복을 하겠다고 하면 수나라는 기꺼이 우리의 항복을 받아들일 것이옵니다. 수나라 쪽에서도 싸우는 것보다는 희생 없는 협상이 나을 테니까요. 수나라가 협상을 받아들이면, 소장이 직접 적의 진영에 들어가 적의 동태를 살피고 돌아오겠사옵니다."

을지문덕의 이야기가 끝나자, 대신들이 또 한마디씩 했습니다.

"폐하, 너무 위험한 작전이옵니다. 수나라 장수들이 눈 먼 장님도 아닌데, 우리 작전에 그렇게 쉽게 속아 넘어가겠사옵니까?"

41

"그렇사옵니다, 폐하. 일이 행여 잘못되기라도 한다면 장군의 목숨이 위험할 수도 있사옵니다."

대신들이 모두 반대했지만, 을지문덕은 뜻을 굽히지 않았습니다.

"폐하, 호랑이 굴에 들어가지 않으면 호랑이의 새끼를 얻지 못한다는 말이 있사옵니다. 적과 맞서 싸우려면 무엇보다 먼저 적을 제대로 알아야 하옵니다."

을지문덕이 자신만만하게 말하자, 영양왕은 대신들의 반대를 무릅쓰고 을지문덕의 편을 들어 주었습니다. 을지문덕은 영양왕을 실망시키지 않겠다고 다짐했습니다.

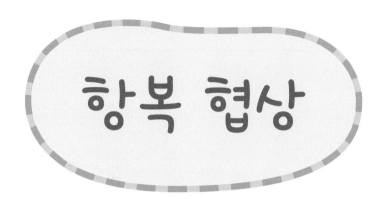

항복 협상

수나라 별동 부대가 압록수(지금의 압록강) 서쪽 기슭에 다다 랐을 때, 적장인 우문술은 을지문덕의 편지를 받았습니다.

장군, 저는 고구려 장수 을지문덕입니다.

장군께서는 이번 싸움에 대해 어떻게 생각하십니까?

저는 이 싸움이 처음부터 말이 되지 않는다고 생각합니다.

고구려같이 작은 나라가 수나라같이 큰 나라와 어떻게 맞서 싸울 수 있단 말입니까? 고구려가 비록 작은 나라이기는 하나,

백성들에게 있어서는 무엇과도 바꿀 수 없는 소중한 나라입니다. 그래서 우리 고구려인은 백성된 도리를 다하기 위해 이번 싸움에 뛰어들었습니다.

하지만 장군, 싸움이 계속될수록 백성들의 희생은 커져 갑니다. 저는 더 이상 죄 없는 백성들이 희생되는 것을 원하지 않습니다. 소장이 직접 장군을 만나 항복하겠다는 뜻을 전하고 싶습니다. 싸움을 끝낼 수 있는 방법도 함께 의논하고 싶습니다.

부디 허락하여 주십시오.

우문술은 뜻밖의 편지를 받고 당황했습니다.

우문술은 지휘관들을 한자리에 불러 모았습니다.

"을지문덕이 항복을 하겠다는 편지를 보내 왔소."

"그것이 정말입니까?"

"정말입니다. 보시오."

"혹시 무슨 꿍꿍이속이 있는 게 아닐까요?"

"꿍꿍이속이라기보다는 을지문덕이 머리를 쓰는 것 같소.

전쟁에서 질 것 같으니까 패장(싸움에 진 장수) 소리를 듣느니 협상가를 자처하고 나서는 거다, 이 말입니다."

"그러니까 장군 말씀은, 을지문덕이 두 나라를 화해하게 해서 공을 얻으려 한다는 것이군요?"

"그렇소."

수나라 장수들은 을지문덕이 자기 명예를 지키기 위해 협상을 제안하는 것이라고 생각했습니다.

그러나 우중문은 꺼림칙한 듯 물었습니다.

"장군, 항복 협상을 받아들일 생각이십니까?"

"고구려 쪽에서 항복을 하겠다는데 받아들이지 않을 이유가 없지 않소? 굳이 거절할 이유가 있는 것도 아니고."

"맞습니다. 싸우는 것보다는 협상을 통해 일을 해결하는 것이 당연히 낫지요."

여러 장수들이 우문술의 편을 들었습니다. 우문술은 협상 제의를 받아들이기로 결정하고 을지문덕에게 답글을 보냈습니다.

　항복 협상을 하기로 한 날, 수나라 지휘관들은 깜짝 놀랐습니다. 을지문덕이 군사도 거느리지 않고 혼자 협상장에 나타났던 것입니다.

　을지문덕은 적장들에게 예를 갖추어 인사를 하고, 찾아온 이유를 자세히 설명했습니다.

"장군, 수나라는 고구려같이 작은 나라를 칠 이유가 전혀 없었습니다. 그런데 일이 이렇게 된 것은 주변 국가들이 두 나라의 관계를 시기하고, 간신들이 전쟁을 부추겼기 때문이라고 생각합니다. 싸움이 길어지면 길어질수록 서로에게 손해라고 봅니다. 그러니 이쯤에서 싸움을 끝내는 것이 어떻겠습니까?"

을지문덕은 싸움을 끝내고 싶다고 하면서 적장들을 안심시켰습니다.

수나라 장수들은 을지문덕의 대담함과 막힘 없는 말솜씨에 감탄했습니다. 그런 나머지 그 순간 그가 적장이라는 사실을 까맣게 잊고 말았습니다.

일곱 번의 전투

적장인 우문술은 싸움 한 번 하지 않고 고구려의 항복을 받아 냈다고 생각했습니다. 우쭐해진 그는 을지문덕에게 호의를 베풀었습니다.

"장군, 천하제일 군대인 우리 수나라군의 기개를 한번 보시겠습니까?"

"그러면 저에게는 영광이지요. 좋습니다."

"자, 나를 따라오시오."

우문술은 을지문덕에게 수나라 진영을 보여 주며 수나라

군대가 얼마나 용맹한지, 수나라 군대가 보유한 무기가 얼마나 훌륭한지를 자랑했습니다.

"장군, 이렇게 두 눈으로 직접 보니 수나라와 맞서 싸우는 것이 얼마나 무의미한 일인지 다시 한 번 깨닫게 되었습니다. 수나라군의 기개가 얼마나 높은지 우리 왕께서도 직접 보셔야 하는데, 안타깝군요."

을지문덕은 일부러 우문술을 치켜세웠습니다.

한편, 막사에 남아 있던 우중문은 지휘관들과 말다툼을 벌이고 있었습니다.

"우문술 장군은 을지문덕을 돌려보낼 생각인 모양입니다. 하지만 나는 을지문덕을 붙잡아 두어야 한다고 생각합니다. 장군들의 생각은 어떻소?"

우중문의 말에 위무사(백성을 위로하고 달래기 위해 지방에 파견한 벼슬)로 나와 있던 유사룡이 펄쩍 뛰었습니다.

"장군, 어쩌자고 을지문덕을 잡아 두려고 하시오?"

"폐하께서 고구려 왕이나 을지문덕을 반드시 사로잡아 오

라고 하시지 않았습니까?"

"하지만 장군, 을지문덕은 지금 적장이 아니라 사신의 신분으로 이곳에 왔습니다. 우리에게 항복을 하고 화해를 청하러 온 사람을 붙잡아 두겠다니, 그게 무슨 말씀이오?"

"아무리 그래도 을지문덕을 돌려보낼 수는 없소이다. 제 발로 걸어 들어온 복을 차 버릴 수는 없다는 말입니다."

"장군, 을지문덕을 순순히 돌려보내지 않으면 더 큰 싸움이 날 것입니다. 게다가 일이 그 지경이 되면 장군의 경력에도 큰 흠이 남을 텐데, 그래도 좋소?"

유사룡이 하도 강하게 반대를 하는 바람에 우중문은 뜻을 이루지 못했습니다.

을지문덕은 항복 협상을 빌미로 적진에 들어가서 적의 동태를 살핀 뒤, 무사히 적진을 빠져나왔습니다.

을지문덕을 보내고 나서야 우중문은 후회가 되었습니다.

"우문술 장군, 지금이라도 늦지 않았습니다. 뒤쫓아가서 을지문덕을 사로잡아 옵시다."

"그렇습니다, 장군. 서두르면 을지문덕을 따라잡을 수 있을 것입니다."

"우리가 을지문덕을 사로잡는다면 평양성의 고구려 군사들이 가만히 있지 않을 거요. 우리 군사들은 먼 길을 오느라 지쳐 있어서 지금 당장 싸우는 것은 무리입니다."

수나라 장수들이 망설이고 있는 사이, 을지문덕은 고구려 진영에 무사히 도착했습니다.

을지문덕은 수나라군이 자신을 뒤쫓아올 것을 예상하고, 수나라군이 공격해 올 것에 대비해 작전을 지시했습니다.

"지금 수나라 군사들은 몹시 지쳐 있습니다. 그러니 적을 더 지치게 합시다. 싸우는 척하다가 후퇴하고, 싸우는 척하다가 후퇴하면서 우리에게 유리한 곳으로 적을 꾀어 내 공격을 하는 겁니다."

을지문덕의 예상대로 수나라 군대가 을지문덕을 뒤쫓아왔습니다. 고구려군은 곧 공격에 나섰습니다.

수나라군은 고구려군을 상대로 일곱 번의 싸움을 치러 일

곱 번 모두 승리했습니다.

"을지문덕의 군대도 별것 아니군. 이대로 평양까지 가서 평

양성을 단숨에 점령해 버리는 게 어떻겠소?"

수나라 군대는 승리감에 빠져 있었습니다.

살수 대첩

을지문덕은 우중문 앞으로 시를 한 수 지어 보냈습니다.

그대의 신기한 재주는 하늘에 닿았고
묘한 재주는 땅에 닿았소.
싸움에 이겨 이미 그 공이 높으니
만족함을 알고 그만 돌아가시오.

편지를 가지고 간 전령이 말했습니다.

"우중문 장군, 장군께서 군사를 거두어 돌아가신다면 을지
문덕 장군께서 우리 임금님을 모시고 수나라 임금님을 찾아
뵙고 항복을 청하겠다고 하셨습니다."

전령의 말에 수나라 장수들은 크게 기뻐했습니다.

"하하하, 일곱 번이나 전투에서 패하더니, 기세가 완전히
꺾인 모양입니다."

"장군, 어서 빨리 이 기쁜 소식을 폐하께 전하러 갑시다."

고구려의 항복을 받아 냈다고 생각한 수나라 군대는 철수
를 서둘렀습니다.

승리감에 들뜬 수나라 군대가 살
수(지금의 청천강)를 막 건널 때였
습니다.

"휘익!"

강 언덕 위에서 화
살이 하나 날아왔습니다.
그 화살의 여운이 채 사라지기도 전에 북이

둥둥 울렸습니다.

하늘과 땅을 울리는 북소리와 함께 고구려 군사들이 살수 언덕 위로 모습을 드러냈습니다.

을지문덕은 수나라군을 살수로 꾀어 내려고 일부러 일곱 번이나 싸움에서 패했던 것입니다. 그런 다음 전령을

보내 거짓 항복을 하고, 살수에서 수나라 군대를 기다리고 있었습니다. 을지문덕이 강 언덕에 모습을 드러내자 우문술은 비로소 함정에 빠진 것을 깨달았습니다.

"함정이다. 후퇴하라!"

우문술은 군사들에게 후퇴를 명령했습니다. 하지만 수나라 군사들은 강 언덕에 매복해 있던 고구려군에게 포위되고 말

았습니다. 이때를 놓치지 않고 을지문덕이 외쳤습니다.

"고구려의 아들들아, 싸우자! 싸워서 내 가족과 내 나라를 내 손으로 지키자!"

을지문덕의 공격 명령이 떨어졌습니다.

"와와!"

고구려군은 활을 쏘고 돌을 던지며 수나라군에게 공격을 퍼부었습니다.

수나라군이 우왕좌왕하고 있을 때, 강 상류에서부터 강물이 천둥소리를 내며 강 하류로 흘러내렸습니다. 을지문덕의 명령으로 강 상류에 쌓아 놓았던 둑을 터뜨리자, 강을 건너던 수나라 군사들은 거센 물결에 휩쓸려 떠내려갔습니다.

"살려 줘! 어푸어푸!"

간신히 강을 건너거나 미처 강을 건너지 못한 수나라 군사들은 고구려군의 공격을 받고 풀잎처럼 쓰러졌습니다.

우문술이 군사들에게 애원하듯 외쳤습니다.

"물러서지 마라! 죽음을 각오하고 맞서 싸워라!"

을지문덕함 | 을지문덕 장군의 이름을 따서 지은 한국형 구축함 2호 '을지문덕함'의 모습입니다.

  하지만 수나라 군사들의 귀에는 우문술의 말이 들어오지 않았습니다. 수나라 군사들은 싸움을 포기하고 제 살 길을 찾아 도망치기에 바빴습니다.

  우문술이 이끄는 수나라 30만 대군은 을지문덕이 이끄는 고구려군에게 전멸되다시피 했습니다.

  을지문덕은 살수 대첩을 성공으로 이끌어 고구려를 지키고 명예를 드높였습니다.❀

을지문덕의 삶

연 대	발 자 취
571년	중국 땅에 수나라가 건설되다.
589년	수나라가 중국 땅에 흩어져 있는 여러 나라를 하나로 통일하다.
590년	고구려 평원왕이 죽고, 영양왕이 왕위에 오르다.
591년	수나라에서 고구려에 사신을 파견해 영토를 염탐하고 돌아가다.
598년	영양왕이 수나라 요서 지역을 먼저 공격하다. 수나라군이 반격했지만, 고구려군에게 패하다.
604년	수나라 문제의 뒤를 이어 양제가 왕위에 오르다.
607년	돌궐에 갔던 고구려 사신이 수나라 양제를 만나고 돌아오다.
611년	수나라 양제가 고구려에 선전 포고를 하다.
612년	수나라 양제가 113만 대군을 이끌고 고구려를 침범하다. 6월, 내호아의 수군이 패수에 들어왔다가 고건무의 공격을 받고 패하다. 7월, 우문술이 30만 대군을 이끌고 왔다가 살수에서 을지문덕의 공격을 받고 패하다.
613년	수나라 양제가 요동성 함락을 시도했다가 포기하고 수나라로 돌아가다.

※을지문덕의 일생에 관해서는 자세한 기록이 전하지 않습니다. 따라서 여기에 나오는 '을지문덕의 삶'은 고구려와 수나라의 전투를 중심으로 구성하였습니다.

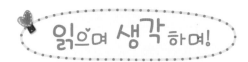

읽으며 생각하며!

1. 고구려 최대의 축제로, 을지문덕이 이름을 널리 떨치는 계기가 된 대회의 이름은 무엇인가요?

> 을지문덕은 궁술(활 쏘는 기술) 대회와 마술(말 타는 기술) 대회에 참가했습니다.
>
> 을지문덕이 궁술 대회장으로 들어서자, 관중들이 야유를 퍼부었습니다.
>
> "아니, 어린애잖아?"
>
> "얘야, 가서 엄마 젖이나 더 먹고 오너라."
>
> 을지문덕은 관중들의 야유에도 아랑곳하지 않고, 과녁을 뚫어져라 바라보며 숨을 가다듬었습니다.
>
> 을지문덕이 활에 화살을 끼우고 시위를 당기자, 화살은 그대로 과녁의 한복판에 가 꽂혔습니다.

2. 을지문덕은 어린 시절 어디에서 글과 무예를 익혔나요?

3. 을지문덕이 수나라 30만 대군을 전멸시키고 크게 이긴 전투의 이름은 무엇인가요?

4. 을지문덕이 벼슬길에 나아가지 않고 수련을 계속하기로 한 까닭은 무엇인가요? 만약 이때 벼슬길에 곧바로 진출했다면 그의 삶은 어떻게 달라졌을지 상상하여 적어 보세요.

'내가 벼슬길에 나가면 부모님이 편안하게 사실 수 있을 거야. 하지만 부족한 게 너무 많은 내가 무슨 벼슬을 할 수 있다는 건지……'

을지문덕은 여러 날을 혼자 고민하다가 아버지에게 물었습니다.

"아버지, 어떻게 해야 할까요?"

"문덕아, 네가 정말 원하는 일이 무엇이냐?"

"아버지, 저는 벼슬보다는 계속 수련을 하고 싶어요. 책도 더 읽고 무예도 더 연마한 다음에, 그다음에 무얼 해도 하고 싶어요."

5. 본문에 나타난 수나라 장수 우중문과 우문술의 성격은 각각 어떻게 다른가요?

6. 을지문덕이 우중문에게 다음과 같은 시를 지어 보낸 까닭은 무엇인가요? 이 일화를 통해 을지문덕이 어떤 면모를 가지고 있다고 생각되나요?

그대의 신기한 재주는 하늘에 닿았고
묘한 재주는 땅에 닿았소.
싸움에 이겨 이미 그 공이 높으니
만족함을 알고 그만 돌아가시오.

풀이

1. 동맹

2. 경당

3. 살수 대첩

4. 예시 : 을지문덕은 어린 나이에 갑자기 영웅이 되었다. 하지만 무예 실력은 뛰어날지언정 다른 부분은 모자란 점이 많다는 것을 을지문덕은 잘 알고 있었던 것 같다. 만약 주변의 설득에 못 이겨 바로 벼슬길에 나아갔다면 시기와 질투, 모함의 세력에 휘말려 일찌감치 자리를 내놓고 집으로 돌아오지 않았을까? 그러면 고구려를 지키는 위대한 인물이 되지 못하고 쓸쓸히 인생을 마쳤을지도 모른다.

5. 예시 : 을지문덕이 꾀를 써서 화해의 편지를 보내고 협상장에 나타나자 우문술은 우쭐해서 온갖 호의를 베풀고 심지어 수나라 군대와 무기를 자랑하기까지 했다. 이를 통해 우문술은 가볍고 허풍이 있으며, 다른 사람을 쉽게 믿는 성격임을 알 수 있다. 반면 우중문은 을지문덕에게 무슨 꿍꿍이속이 있는가 싶어 한 번 더 생각하였고, 협상하러 온 을지문덕을 붙잡아 두자고 제안했다. 결국 뜻을 이루지는 못했지만 그는 우문술보다 훨씬 더 신중한 사람임을 알 수 있다.

6. 예시 : 우중문을 안심시킨 뒤 방심한 틈을 타 전쟁에 임하고자 한 일종의 전략이었다. 본문에 나타난 을지문덕의 여러 가지 전략을 보면 그가 얼마나 지혜로운 사람이었는지 알 수 있다. 그는 어떤 상황에서도 포기하거나 당황하지 않고 침착하게 상대를 파악한 뒤 그때 그때 다른 전술과 계획으로 전쟁에 임하였다.

최무선
(1328~1395)

황희
(1363~1452)

세종
대왕
(1397~1450)

장영실
(?~?)

신사임당
(1504~1551)

이이
(1536~1584)

허준
(1539~1615)

유성룡
(1542~1607)

한석봉
(1543~16)

이순신
(1545~15)

오성과
한음
(오성 1556
1618 /
한음 1561~
1613)

광개토
태왕
(374~412)

연개
소문
(?~666)

장보고
(?~846)

을지문덕
(?~?)

김유신
(595~673)

대조영
(?~719)

왕건
(877~943)

강감찬
(948~1031)

고구려
살수
대첩
(612)

견훤
후백제
건국
(900)

신라
삼국
통일
(676)

궁예
후고구려
건국
(901)

고려
강화로
도읍
옮김
(1232)

문익점
원에서
목화씨
가져옴
(1363)

최무선
화약
만듦
(1377)

허준
동의보
완성
(1610)

병자
호란
(1636)

고구려
불교
전래
(372)

신라
불교
공인
(527)

대조영
발해
건국
(698)

장보고
청해진
설치
(828)

왕건
고려
건국
(918)

개경
환도,
삼별초
대몽
항쟁
(1270)

조선
건국
(1392)

임진
왜란
(1592~1598)

상평
통보
전국
유통
(1678)

고조선
건국
(B.C. 2333)

철기
문화
보급
(B.C.
300년경)

고조선
멸망
(B.C. 108)

귀주
대첩
(1019)

윤관
여진
정벌
(1107)

훈민
정음
창제
(1443)

한산도
대첩
(1592)

B.C.	선사 시대 및 연맹 왕국 시대		A.D.	삼국 시대	698 남북국 시대	918	고려 시대		1392		
2000	500	400	300	100	0	300	500	600	800	900	1000	1100	1200	1300	1400	1500	1600

B.C.	고대 사회	A.D. 375	중세 사회	1400

중국
황하
문명
시작
(B.C.
2500년경)

인도
석가모니
탄생
(B.C. 563년경)

알렉
산더
대왕
동방
원정
(B.C. 334)

크리
스트교
공인
(313)

게르만
민족
대이동
시작
(375)

로마
제국
동서로
분열
(395)

수나라
중국
통일
(589)

이슬람교
창시
(610)

수 멸망
당나라
건국
(618)

러시아
건국
(862)

거란
건국
(918)

송 태종
중국
통일
(979)

제1차
십자군
원정
(1096)

테무친
몽골
통일
칭기즈
칸이 됨
(1206)

원 제국
성립
(1271)

원 멸망
명 건국
(1368)

잔
다르크
영국군
격파
(1429)

구텐
베르크
금속
활자
발명
(1450)

코페르니
쿠스
지동설
주장
(1543)

도요토미
히데요시
일본
통일
(1590)

독일
30년
전쟁
(1618)

영국
청교도
혁명
(1642~1649)

뉴턴
만유
인력의
법칙
발견
(1665)

석가모니
(B.C. 563?~
B.C. 483?)

예수
(B.C. 4?~
A.D. 30)

칭기즈 칸
(1162~1227)

한국 인물

정약용 (1762~1836)

김정호 (?~?)

주시경 (1876~1914)

김구 (1876~1949)

안창호 (1878~1938)

안중근 (1879~1910)

우장춘 (1898~1959)

방정환 (1899~1931)

유관순 (1902~1920)

윤봉길 (1908~1932)

이중섭 (1916~1956)

백남준 (1932~2006)

이태석 (1962~2010)

한국 사건

이승훈 천주교 전도 (1784)

최제우 동학 창시 (1860)

김정호 대동여지도 제작 (1861)

강화도 조약 체결 (1876)

지석영 종두법 전래 (1879)

갑신정변 (1884)

동학 농민 운동, 갑오개혁 (1894)

대한 제국 성립 (1897)

을사조약 (1905)

헤이그 특사 파견, 고종 퇴위 (1907)

한일 강제 합방 (1910)

3·1 운동 (1919)

어린이날 제정 (1922)

윤봉길·이봉창 의거 (1932)

8·15 광복 (1945)

대한민국 정부 수립 (1948)

6·25 전쟁 (1950~1953)

10·26 사태 (1979)

6·29 민주화 선언 (1987)

서울 올림픽 개최 (1988)

북한 김일성 사망 (1994)

의약 분업 실시 (2000)

조선 시대 | 1876 개화기 | 1897 대한 제국 | 1910 일제 강점기 | 1948 대한민국

1700 1800 1850 1860 1870 1880 1890 1900 1910 1920 1930 1940 1950 1970 1980 1990 2000

근대 사회 | 1900 현대 사회

세계 사건

미국 독립 선언 (1776)

프랑스 대혁명 (1789)

청·영국 아편 전쟁 (1840~1842)

미국 남북 전쟁 (1861~1865)

베를린 회의 (1878)

청·프랑스 전쟁 (1884~1885)

청·일 전쟁 (1894~1895)

헤이그 평화 회의 (1899)

영·일 동맹 (1902)

러·일 전쟁 (1904~1905)

제1차 세계 대전 (1914~1918)

러시아 혁명 (1917)

세계 경제 대공황 시작 (1929)

제2차 세계 대전 (1939~1945)

태평양 전쟁 (1941~1945)

국제 연합 성립 (1945)

소련 세계 최초 인공위성 발사 (1957)

제4차 중동 전쟁 (1973)

소련 아프가니스탄 침공 (1979)

미국 우주 왕복선 콜럼비아호 발사 (1981)

독일 통일 (1990)

유럽 11개국 단일 통화 유로화 채택 (1998)

미국 9·11 테러 (2001)

세계 인물

워싱턴 (1732~1799)

페스탈로치 (1746~1827)

모차르트 (1756~1791)

나폴레옹 (1769~1821)

링컨 (1809~1865)

나이팅게일 (1820~1910)

파브르 (1823~1915)

노벨 (1833~1896)

에디슨 (1847~1931)

가우디 (1852~1926)

라이트 형제 (형, 윌버 1867~1912 / 동생, 오빌 1871~1948)

마리 퀴리 (1867~1934)

간디 (1869~1948)

아문센 (1872~1928)

슈바이처 (1875~1965)

아인슈타인 (1879~1955)

헬렌 켈러 (1880~1968)

테레사 (1910~1997)

만델라 (1918~2013)

마틴 루서 킹 (1929~1968)

스티븐 호킹 (1942~2018)

오프라 윈프리 (1954~)

스티브 잡스 (1955~2011)

빌 게이츠 (1955~)

2023년   1월 15일   2판 4쇄 **펴냄**
2014년   2월 25일   2판 1쇄 **펴냄**
2008년 10월 20일   1판 1쇄 **펴냄**

펴낸곳 (주)효리원
펴낸이 윤종근
글쓴이 표시정 · **그린이** 신찬식
사진 제공 연합뉴스
등록 1990년 12월 20일 · **번호** 2-1108
우편 번호 03147
주소 서울시 종로구 삼일대로 457, 406호
전화 02)3675-5222 · **팩스** 02)765-5222

ⓒ 2008 · 2014, (주)효리원

ISBN 978-89-281-0344-7 64990

이메일 hyoreewon@hyoreewon.com
홈페이지 www.hyoreewon.com